AF234455

RÉFLEXIONS

D'UN CITOYEN,

*Faites à l'assemblée générale de la section
de la Fontaine de Grenelle, le 20 Floréal,
l'an deuxième de la république française
une et indivisible.*

Citoyens

Il est enfin porté ce bienfaisant décret si long-
tems attendu par les partisans de la saine morale.
La providence est vengée, et la nation calomniée
dans ses représentans, vient de proclamer à l'U-
nivers sa profession civique comme un hommage

A 2

rendu par la justice à l'Être Suprême et à la Liberté dont elle est la fille.

Héros de ma patrie ! vous ne nous serez pas pour toujours enlevés ; et votre ame immortelle jouira du triomphe que vous auront mérité vos exploits. Citoyennes, vous trouverez dans un autre monde vos fils qui sont morts en défendant la patrie. Vous tous, cœurs sensibles qui m'écoutez, vous recevrez, en échange de vos sacrifices pour la liberté, la plus douce des consolations . . . . L'espérance ! elle te sera ôtée cette espérance, homme méchant, égoïste, esprit pervers, homme superbe et démoralisé, ennemi de l'égalité, opresseur de la vertu, tyran de la probité ; non, l'espérance n'est point pour toi !

Nuisible à ta patrie, tu as perdu tout droit à un autre bonheur : entouré de tes remords et tourmenté par ta conscience, n'espère point un avenir meilleur ; crains le supplice des traîtres et la honte d'une vie consacrée à l'immoralité.

Guadet, Hébert et leurs coupables complices ont voulu démoraliser la république ; mais la convention vient de la raviver et faire un appel de l'humanité à la justice, à la probité.

Vous l'avez tous entendu ce rapport fait au nom du comité de salut public : son attachante lecture offre un cours de morale ; et après la constitution , c'est peut-être le plus bel ouvrage qui soit sorti de la main des hommes.

Graces soient rendues à la convention qui proclame hautement que le peuple français reconnoît l'existence de l'Être Suprême et l'Immortalité de l'ame.

Voltaire a dit : Si Dieu n'existoit pas , il faudroit l'inventer ; mais les progrès de l'esprit humain en ont démontré l'existence. Newton l'apelloit le premier moteur; Platon le nommoit le grand architecte ; les français l'apellent l'Être Suprême.

Tu y croyois , bon et sage Socrate, tandis que les Guadet de ton tems , sous le masque d'Anitus, te firent avaler la ciguë. Libre au milieu de tes fers , tu la bus cette ciguë ; mais l'immortalité étoit au fond de ta coupe : Ainsi Chalier , mourant de la main des rebelles lionnais , étoit entouré de l'opprobre du crime ; son ame pure le faisoit triompher de ses bourreaux , parce que la justice dans son cœur et mourant pour la liberté , il ne fit que changer de lieu et alla se reposer dans le sein de l'Éternel.

Qu'ils sont petits devant les français , tous ces peuples courbés sous le joug de l'esclavage et engourdis dans leurs pratiques superstitieuses , qui, sous quelques formes qu'elles se présentent, n'offrent à l'homme sage que l'image de l'imposture ! Leurs ministres, leurs rabins, leurs prêtres ont enfermé leur dieu dans des temples pour mieux le faire parler selon leurs passions, en offrant toujours aux assistans des troncs, des plats avides qui sollicitent l'argent des fidèles.

Les prêtres ont, pour ainsi dire, mis dans leurs églises Dieu en état d'arrestation ; ils s'en étoient fait les geoliers, les gardiens. Comparez leurs martyrologes avec notre recueil des actions héroïques. Qu'ont de commun, *Saint-Roch*, *Saint-Pancrace*, *Saint-Antoine*, *Saint-Siméon Stylite*, avec les héros morts pour la patrie, les amis du peuple, dont les bustes exposés dans cette salle, à l'estime publique, nous rappellent les défenseurs de la liberté et nous élèvent l'ame ?

Comparez le culte des idoles avec la loi de la nature. Chez nos voisins, un temple, une pagode, une chapelle est l'objet de leur vénération. Chez les français, il n'est plus de lieu exclusif à la divinité ; semblable à elle-même, elle occupe tout l'espace par son immensité : nous la retrouvons par-tout où nous voyons ses bienfaits. La nature est son temple, nos cœurs sont ses autels, et tous les citoyens sont ses ministres. Nos ames reconnoissantes lui rendront un hommage digne d'elle, en la remerciant d'avoir donné à notre pays le plus grand des bienfaits, la Liberté !

Nos pères, dupes de leurs erreurs et fanatisés par des imposteurs, ne voyoient rien de plus

merveilleux qu'un *pater* et un *ave* ; ils s'exta-
sioient en chantant un *credo*, et leur joie étoit à
son comble lorsqu'ils entonnoient ces pseaumes du
tyran David, qui retraçoient les crimes du des-
potisme et les scélératesses d'un peuple coupable.

Les philosophes rougissoient de nos sottises et
n'osoient fronder nos préjugés ; s'en mocquoient
en silence et sembloient les respecter en public ;
mais les français régénérés à la probité comme
aux lumières, ne craignent plus le jugement des
sages. Nous serons fiers de notre croyance et nous
dirons avec confiance, à celui des philosophes
qui a le plus connu le cœur humain, à celui
qui a su le mieux honorer la divinité par l'em-
ploi qu'il a fait de ses lumières, à celui qui le
premier a posé les véritables bases de la souve-
raineté populaire ; nous dirons à Rousseau, ou
plutôt à Dieu seul, écoutes la prière des républicains

Nous sommes français : nous reconnoissons
l'existence de l'*Être suprême* et nous croyons à
l'*Immortalité de l'ame*.

Nous consacrons un jour de l'année à la fête
de *la Nature* qui nourrit ses enfans, leur fait
prolonger leur existence dans des récoltes sans
cesse renaissantes.

Nous rendons hommage au *genre humain*, parce
que tous les hommes sont frères et qu'ils sont
libres, parce qu'ils sont égaux

Nous fêtons le *peuple français*, parce que, le premier des peuples, il a connu la véritable liberté, et que sa vertu l'a fait triompher.

Nous célébrons la fête des *Bienfaiteurs de l'humanité* ; ils firent du bien aux malheureux, qu'ils soient nos modèles, comme nous sommes leurs admirateurs !

Nous donnons un jour aux *Martyrs de la Liberté*, ces généreuses et précieuses victimes de la cause populaire ! Leur sang a coulé pour nous, nos cœurs battent pour eux.

Nous fêtons *la Liberté, l'Égalité*, c'est la fête la plus chérie des français ; elle deviendra celle du monde entier.

Nous fêtons *la République* comme la meilleure forme des gouvernemens qui conserve le plus la liberté individuelle. Les monarchies sont faites pour les esclaves, les républiques pour les hommes libres.

Nous fêtons *la Liberté du monde*, qui comme nous, y a un droit égal ; la liberté est le patrimoine du genre humain, et sa charte est dans les droits de l'homme.

Nous célébrons *l'Amour de la patrie* qui enfante les grandes actions et rend la mort aussi douce que glorieuse en la consacrant pour elle.

Nous vouerons à la haine universelle *les tyrans et les traîtres*, comme les oppresseurs du monde et les ennemis de notre bonheur. C'est à de pareils jours que nous dénoncerons solemnellement au mépris des nations, les noms conspués des Lafayettes, des Dumouriez, des Héberts, des Dantons.

Nous célébrerons la fête de *la Vérité*, cette fille du ciel dont la nudité plaît aux sages, et que le tems vient de découvrir en 89.

Nous croyons à *la Justice*, à laquelle nous avons ôté son bandeau pour mieux découvrir les conspirateurs.

Nous rendons hommage à *la Pudeur*, vertu antique de l'âge d'or et reléguée dans la fable; mais que nous ferons revivre par nos bonnes mœurs.

Nous croyons à la *Gloire* et à l'*immortalité*. Oui, Marat, Pelletier, Chalier, Barras, et vous tous, défenseurs de la patrie, vous avez acquis la gloire d'avoir bien servi votre pays. Votre mémoire et vos noms seront gravés sur la colonne de l'Immortalité, placée au Panthéon, que tous les tyrans conjurés n'abattront jamais, parce qu'ils seront gravés dans les cœurs des français.

Nous croyons à l'*Amitié*, ce mariage de deux ames qui confondent deux volontés en une, et dont la douleur se suspend par un épanchement mutuel.

Nous célébrons la *Frugalité* comme une vertu républicaine et la compagne de la Simplicité.

Nous croyons au *Courage* qui nous a vallu la liberté , précédée par la Raison , et dont nos enfans sauront conserver l'héritage.

Nous fêtons la *Bonne Foi* , cette vertu des peuples vierges et qui plaît tant à l'homme probre.

Nous fêtons l'*Héroïsme* dont nos frères les volontaires ont donné de si fréquentes preuves, et que la reconnoissance nationale recueille dans ses annales.

Nous croyons au *Désintéressement* qui anime tant de français, se vouant à la chose publique, sans en exiger de retour.

Nous célébrons le *Stoïcisme* ; cette doctrine sublime qui donnoit aux hommes des idées si hautes de leur dignité , qui poussoit si loin l'enthousiasme de la vertu, qui montroit que l'héroïsme et la philantropie, cette doctrine qui enfantoit des Catons et des Brutus jusques dans les siècles affreux qui suivirent la perte de la liberté romaine, doctrine enfin qui a sauvé l'honneur de la nature humaine, dégradée par les vices des successeurs de César, et sur-tout par la patience des peuples.

Nous fêtons l'*Amour* qui est un vice dans les ames corrompues et une vertu dans des cœurs bien nés. L'amour, a dit un philosophe, se feroit adorer dans un pays d'athées ; chez les français, ils n'adorent que la Divinité et ils aiment les citoyennes comme leurs compagnes et leurs égales.

Nous fêtons l'*Amour conjugal* ; c'est le plus doux des liens ; il nous promet le bonheur, il nous le donne lorsque nous savons le mériter par le concours de nos volontés ; il naît de l'amitié, s'entretient par l'estime, s'augmente par la paternité. L'Être Suprême crée le monde, l'amour conjugal le conserve.

Nous fêtons l'*Amour paternel* ; qu'il est doux ! qu'il est cruel d'être père ! les fautes de nos enfans nous affligent, leurs bonnes qualités nous consolent. L'amour paternel fait tout entreprendre ; un bon père travaille pour sa famille, il partage avec elle un pain qui est le prix de ses sueurs ; il s'en prive pour alimenter ses enfans ; il meurt pour eux, que dis-je, il meurt ! il vit dans ses enfans, et l'amour paternel le paye de tous ses sacrifices.

Nous fêtons *la Tendresse maternelle*. Quelle plume peut peindre le sentiment d'une mère tendre qui tient dans ses bras les enfans qu'elle a allaités ? Quelle douleur est la sienne lorsqu'elle les perd ! Son amour pour ses enfans s'accroît par les douleurs que lui causa leur naissance Heureux fruit de la conception, c'est dans le sein de nos compagnes que tu en as placé le dépôt. Nous leur devons notre bonheur ; elles nous doivent d'être les dépositaires du plus beau secret de la nature.

Nous fêtons la *Piété filiale* comme un sentiment donné par la nature et consacré par la société.

L'histoire romaine nous offre une citoyenne, apprenant que son père est condamné à mourir de faim dans sa prison. Cette tendre fille trompe la vigilance de ses gardes, elle est fouillée ; mais les barbares ne se doutoient pas que son père devoit trouver sa vie dans le lait que la nature avoit placé dans son sein : elle rendit à son père des jours qu'elle tenoit de lui. Voilà, français, la piété filiale des romains.

L'immortalité nous présente le jeune Barras, nourissant sa mère et mourant pour sa patrie : Voilà, romains, la piété filiale des français.

Nous fêtons l'*Enfance*, la *Jeunesse*, l'*Age viril* et la *Vieillesse*, comme l'espérance de la patrie, le soutien de l'état, la force de la république, et le respect dû à nos anciens.

Nous consacrons un jour au *Malheur* que nous respectons et que nous allégeons comme un tribut que nous devons à l'humanité qui souffre.

Nous fêterons l'*Agriculture* comme le premier des arts. Un laboureur sera à nos yeux le premier homme de la république. Le laboureur, ce créancier de la terre qui nous nourrit, nous offre des épis. Nous avons brisé le sceptre des rois, nous vénérons le soc de la charrue.

Nous fêtons l'*Industrie*, qui bien combinée, multiplie nos jouissances, en chassant les privations. L'industrie sait faire un heureux échange du travail avec le superflu de l'aisance ; c'est la compagne de l'égalité.

Nous fêtons *nos Ayeux et la Postérité*. Nous partageons notre hommage pour les premiers de nos parens qui ont luté contre la tyrannie, et nous confions à la postérité le dépôt de nos lois ; elle partagera avec nous le fruit de nos travaux, et son opinion sera la sanction de tout ce que nous avons fait pour elle.

Enfin nous célèbrerons la fête du *Bonheur*. Le bonheur ! Ce sentiment qui naît d'une conscience droite ; ce sentiment de félicité qui nous est promise en naissant ! Nous le trouverons ce bonheur dans l'amour de la patrie, dans la douce et paisible jouissance de la liberté, dans les relations fraternelles établies chez tous les hommes unis par l'égalité, au milieu des réunions de chaque portion du peuple s'occupant du salut de tous ; nous le trouverons dans les villes, dans les campagnes, dans les chaumières, par-tout où seront des hommes libres et heureux ; là se trouvera le vrai bonheur.

Être Suprême, tu es la source d'où s'écoulent tous les biens ; c'est dans le cœur de l'homme probre que tu as enraciné ce désir fort qui le fait tendre

à la liberté , à la morale et à toutes les vertus
dont nous voulons célébrer les fêtes dans nos
jours de repos ; c'est au retour des moissons que
nous t'offrirons des épis ; c'est à l'époque des
vendanges que nous te présenterons une grappe
de raisin : nous t'offrirons pour signes de notre
reconnoissance, pour tes bienfaits, dont tu honoras
et soutins notre existence , des prémices plus di-
gnes de toi , une ame pure et l'amour de nos
semblables. Nous te rendrons nos hommages en
plein jour ; et le peuple assemblé, en présence
de ses magistrats , offrira au monde le seul culte
qui t'honore.

Voilà , Être Suprême , la prière des français ;
elle est digne des républicains qui te l'adressent
et de la Divinité qui l'entend ; elle est à la tête
de notre constitution ; elle étoit dans nos cœurs
comme dans nos lois. . . *Hommage à la Divinité !*
Vive la république et toutes les vertus morales qui
constituent son être ; comme elles doivent former
notre essence !

Extrait du registre des délibérations de l'as-
semblée générale de la section de la Fontaine
de Grenelle du 20 Floréal.

Un membre fait par à l'assemblée de ses ré-
flexions sur les fêtes décadaires ; l'assemblée en
entend la lecture avec intérêt, et désirant pro-
pager les principes et les grandes vérités qu'elles
renferment, en arrête, à l'unanimité, l'impression
et l'envoi à ses frères des autres sections.

Pour extrait conforme.

Roux, *président,*

A. Jullien & Lepine, *secrétaires.*

De l'imprimerie du Journal des Hommes libres,
Chez R. Vatar et ass., rue de l'Université, n° 139 ou 926.